生保業界50年
心が通う経営と営業

田嶋 豊

目次

第2章　自営業として独立（外資系生保代理店営業時代）

第3章　教育研修業の立ち上げ（EN湘南）

はじめに

私が長年常用している手帳に、年初に必ず写し変えて大切にしている言葉があります。三十歳の頃、ある税理士から言われた次の言葉です。

商売は「不の解消業」なんだよ、世の中に沢山ある「不」を解消してあげること。不便から便利へ　不満から満足へ　不足から充足へ　そして不安から安心へ　仕事を通じて役に立つこと。

君たちが保険販売という仕事をする上で、一番大事な事じゃないのかな。

私は縁あって二十歳で大手生命保険会社に入社し、七十一歳迄の五十年間を、保険営業一筋で過ごしました。

前半の三十年間は、一般営業職から営業管理職として全国十二拠点の営業拠点を指揮し、後半の、二十年は外資系生保の代理店として独立し、地域に密着した活動を実践してまいりました。

昭和から平成時代、そして令和にかけて保険業界の変化と改革は目覚ましく、経営や商品と販売チャネルの多角化は目を見張るものがあります。環境変化によるテレワーク、リモート会議、営業場面や商談でのＷＥＢ面談の活用や「ＦａｃｅｔｏＦａｃｅ」からネットや通信販売等、顔を合わせない営業も増えております。

本書のタイトルは「**心が通う経営と営業**」であります。大手生命保険会社勤務時代に学び、得た教訓と組織の活性化、五十歳で独立した外資系生保での販売活動をまとめてみました。

本書は三部構成になっております。

第1章は、「**拠点の経営**」編で、大手生命保険会社勤務の三十年間で出会った方々から受けた指導の中で得た教えと、組織で生き抜く上で大切な「**心が通った時に部下は動く**」であります。

部下とのコミュニケーションや少しの心配りで「ヤル気」が起こります。

第2章は、「**保険の販売**」編、独立して代理店を開業、前職の拠点経営で得た戦略と戦術と顧客対応を参考に、地縁も人縁もない土地で地域に密着した二十年間、販売件数五二二一件（地域内の販売占率九十二％）の開業初期からの奮闘記録「**心が通った時に商品は売れる**」活動を具体的にお伝えします。

第3章は、「**教育研修業**」編、業界の十年間を、自社他社の教育研修経験を活かし、退社後に立ち上げた「ＥＮ湘南」の教育研修メニューと、活用している内容の紹介と資料の一部を掲載させて頂きました。

「温故知新」の言葉があるように、時代の変化を的確に捉える経営や営業手法も必要不可欠でありますが、古き慣習や良い伝統も残しつつ、新しいことを取り入れることも大切だと思います。

本書の「**心が通う経営と営業**」を、保険営業に携わる皆さまにとって「経営の参考」と「営業のヒント」にお役立て頂けたら誠に幸いです。

尚、本書の人物名、団体名等は全て仮名です。

第1章　大きな組織に守られた時代（大手生命保険勤務時代）

1. 入社初期の思い

終戦後に大きく伸びた生命保険業界では、営業の主な戦力は「保険のおばちゃん」と言われる中年齢の主婦や、夫を亡くした世帯主が中心でありました。私の母親も、夫の没後に友人からの誘いで「保険外交員」を十三年間続け、親子四人を支えておりました。その母親の後を継いで入社した会社でしたが、想像を絶する日々でありました。

毎朝の社歌斉唱で始まる朝礼では、拠点長の激励を通り越した発破と叱咤の約一時間、職員方も慣れたもので、緊張もせずに淡々と終わるのを待っており、逞しい女性の集団でした。勝気もあるが優しい職員も多く、いざとなれば目標をやり上げる為に、夜や休日の訪問等は当たり前であり、「契約を頂くまで帰らない」悪しき風評もありましたが、目標達成の為に全員が一丸になる世界でありました。異次元の世界だったとは言え、現在の生命保険の普及に貢献したのは間違いなく「保険のおばちゃん」達であります。

私の入社に関しては、家族も友人も誰もが長くは続かないと思っていたそうですが、中学高校時代グラウンドで汗を流した野球部の仲間の「お前がやるなら付き合うよ」「後輩を紹介するよ」の協力と支援のお陰で初期を乗り切ることが出来たと思っております。あれから五十年も業界に在籍するとは、本人も周囲の方々も想像していなかったでしょうし、心の片隅には「義理でもお付き合いしてくれた仲間を裏切れない」があったと思います。

その後、研修職員から正職員、中間リーダーを経て拠点長選考試験に臨み、一年目は不合格でありましたが、二年目に再挑戦した結果合格し、晴れて二十九歳で拠点経営をスタートしました。

八年間一般職員として日々逞しい職員方と触れ合う中で、貴重な経験と教えられた数々が、その後の拠点の経営に大いに役立った事は言うまでもありません。下記が主な三点です。

1．飴と鞭の使い分け・・・褒める時と叱責する時を明確に分け、叱責後のフォローを忘れない。
2．拠点内の中心軸を掴む・・・どの職員が影響力を持っているか。
3．結果を職員に責任転嫁しない・・・どんな結果でも全て指揮官の責任です。

当時は「人海戦術」経営で、職員を増やすことが拠点経営の柱で、人さえ増えれば目標は達成すると言われて、毎月毎年、何名職員が増えたかが大きく問われておりました。反面、減る職員も多く、その殆どは毎月のノルマのプレッシャーに押し潰され、職員存続基準に満たなくて退社していった方も多くおりました。

生命保険会社では大手三社（N社、D社、S社）がシェア争いを繰り広げ、中堅生保も追いつけ追い越せとしのぎを削っており、契約保有件数とか収益率ではなく、総保障額がその基準であり、死亡保障販売の高さが格付けでありました。従って支社、拠点、職員の評価も報酬も全て「死亡保障額」が基準になっており、全職員が「我が社がＮＯ．１生保」を目指し誇っていた時代でした。

営業現場では優劣があり、評価されるのは当たり前ですが、保険会社ほど信賞必罰が表れ、その激しさは想像を絶するものがありました。

「信賞」の場面では、優績職員や拠点長は全体会議での表彰、昇級昇格。「必罰」は降格や異動等、屈辱感を味わう場面もありました。現在では「パワハラ」になることも、当時は当たり前の世界で、悔しければヤリ返すか倍返しをするしかなかった時代でした。

職員時代も含めて三十年間、激しい世界で生き残れたのは、初期に受けた恩情が心の支えになったと思います。

1．入社後に高校野球の仲間（先輩・同期・後輩）達に世話になった感謝の気持ち。

2．はじめての拠点で母親の仲間が何かと気遣い、励ましてくれた感謝の気持ち。

3. 表では厳しく叱咤されたが、陰で励まし支援してくれた最初の拠点長への感謝。

2. 印象に残った職員さん

①子供を可愛がり、親に繋げた職員さん

お客様の子供が「マーブルチョコレートのおばちゃんだ」と寄ってくる。「いい子にしてた」とバッグの中からマーブルチョコレートを子供に手渡す。「川野さん（仮名）、いつもありがとう」とお母さん。

昭和四十七年頃は、保険料の口座振替やクレジットカード払い等はなく、殆どが個別に集金する時代であり、嫌でも顔を合わせることになります。子供さんも、川野さんが来る日を心待ちにしていた様です。

毎月コンスタントに平均以上の実績で、拠点でも模範的な職員さんでした。戦国時代の城攻めでも、先ず外堀を崩してから本城を落とす戦略があるように、「子供に好かれる」から親に繋げる立派な戦術であり、マーブルチョコレートはそのアイテムの一つでありました。

②手書きレターの活用が上手だった職員さん

毎日夕方帰社後に、筆ペンで手紙や葉書を書いていた本橋さん（仮名）。ご契約のお礼、今日訪問したお客様へのお礼状、暫くご無沙汰している方へ近々お伺いしたい旨のお願い等々、一人平均五分程度を達筆な字で書き上げる。毎回五〜七名に夕刻出状することが、その日の活動の締めくくりになっておりました。書いている間は相手の顔が浮かび、気持ちが伝わればいいな、と思いながら集中するそうです。相手の返事を期待したりはしませんが、受け取った方は夫々に感謝と律儀さを感じており、自分の特技を活かした心のこもった営業が信頼を得る、行き先を広げることに繋がっておりました。

私が五十歳で独立した外資系代理店の営業でも、本橋さんを思い出して、葉書や手紙を活用して二十年間継続致しました。

③契約より保全活動を最優先した職員さん

遠藤さん（仮名）は地方の支社で大活躍していた職員さんで、兎に角良く動きテキパキと業務を処理する方でした。取扱う商品は、取引企業の社員の為の退職金制度「企業年金」が多く、同時に弔慰金制度や役員保険等々、会社契約が中心でした。その他個人契約を含めると、契約の保全や保険金請求の手続きで身体が三つ位必要な職員さんでした。

ある月に、五年間訪問を積み上げてようやく契約の運びになった、地方テレビ局の役員保険締結の日、役員の退職金準備を兼ねた生命保険で、社長以下七名の総保険金額八億超の大型契約でした。

月末の午後一時が約束時間でありましたが、朝一番に遠藤職員からの電話で「急用で行けないので田嶋部長が代行してほしい」とのこと。私も何度も同行していたので、先方にも了解して頂き無事に契約の締結は出来ましたが、急用の理由が、大事な取引先から「今日の三時迄にどうしても一二〇〇万円が必要になり、何とか出来ないか」の依頼だったそうです。契約者貸付手続きの為、保険証券を持参して当該支社で手続きの予定が、あいにく支社に必要な現金が不足しており、次長から近隣支社に依頼頂いて、二時間後にようやく予定額を準備出来たそうです。

現在では、当日多額な現金を手渡し等出来ませんが、昭和五十六年当時は何とか融通できた時代でした。

何事にも保全第一でお客様の要望を最優先していた遠藤さんの実績は、契約高も素晴らしかったですが、契約の継続率が二十四か月目でも九十八％以上で、毎年本店表彰を受賞しておりました。

保険に限らず営業に携わっている方は、是非「契約より保全や依頼事を優先」を心がけて欲しいです。

④我が子への思いが力になった職員さん

どこの拠点にも目立たない職員はいるものです。成績も十点満点で三点位ですが、真面目で決して表に出ない酒井さん（仮名）でした。その酒井さんから「田嶋リーダー、今月は目標の五〇〇万円をやりたいので応援して下さい」の申し出。当時私は某拠点のチームリーダーとして、八名のグループを担当しておりました。

この月は他の職員さんの応援もしながら、酒井さんを重点的に支援致しました。休日や夜の訪問も含めて、締め切りまでに何とか目標達成ができました。本人にとっては入社以来の記録だった、そうです。

後日解ったことは、中学生の長男からサイクリング自転車をねだられたそうです。母子家庭で家計も苦しく諦めさせたものの、ある日街で友人の自転車を借りて乗っている長男の姿を見て、私が頑張って買ってあげようと決意したそうです。締め切りが終わったある日、拠点近所の自転車店で、酒井さんと長男がサイクリング車を購入し、本当に嬉しそうでした。母親が子供の夢を叶える為に必死に頑張る「保険のおばちゃん」の強さを感じた出来事でした。

3. 上司から学んだこと

①本気で叱り、心から褒めてくれた支社長

担当二拠点目の地方の海沿いの二十名の拠点。着任して最初の拠点長会議の中で、各拠点で現在病気欠勤中の職員の状況を報告する場面がありました。どの支社でも通常行われていた報告でしたが、自拠点の下田職員（仮名）の状況が把握できていなくて報告が出来ませんでした。やおら支社長が立ち上がって「君は着任してから何日経ったのか、まだ見舞いにも行っていないのか、君には○○拠点は任せられない、直ぐに退席しなさい」眼から火が出るような周囲がびっくりする大声で、私はその場で立ちすくみ、拠点長会終了までの二時間程立ち続けておりました。

翌日、事務員から入院先の病院を教わり下田職員と顔を合わせた時に「貴方が今度の拠点長さんなんですね」と言って握手を交わしたあの温もりを今でも鮮明に覚えております。下田職員さんは拠点発足時からの草分けで、拠点内に

は下田職員さんからの導入職員が大勢おりました。着任後は取引先金融機関、企業、有力者への挨拶訪問で分刻みの忙しさでしたが、一番大切な職員を預かる拠点長としての基本姿勢を忘れてしまったのです。

その支社長に二年間仕え、支社長の転勤が決まった送別会の席で挨拶とお礼に伺った席でこう言われたのです。

「田嶋君、二年間本当に良くやってくれた。実は君の拠点は本店の閉鎖対象拠点だったが、二年間で良く立ち直ってくれた、ありがとう」と固い握手をしてくれました。二年間で職員在籍も三十名になり、年間指標も一五〇％達成と、自分でも良くやったと思いますが、最初の拠点長会議で本気で怒り、最後に心から褒めてくれた支社長。あれから全国十拠点を担当しましたが、職員一人一人を大切にする基本を教わりました。又、その後の着任先で、病気欠勤中の職員さんにはすぐにお見舞いに伺いました。

②仕事と遊びの使い分けが抜群だった支社長

バブル前の絶頂期、拠点長会議の最中に「メモ」が回ってきます。毎回のことです。通常の拠点長会議は午後一時に始まり、会議の内容にもよりますが、午後七時又十時と永遠に続けられることもあります。某支社では午前を超えることもあり、終了後は皆一言も話もしないでクタクタになったこともありました。

しかしこの支社長は、余程のことがない限り五時には終了します。毎回回って来るメモは、会議終了後は何に参加するかのアンケートなのです。

1．麻雀　2．居酒屋　3．カラオケ　で発行元は支社長です。支社長の考えは「**普段の追われる仕事をひととき忘れて、頭を空にしなければ良い発想は生まれない**」とのことでした。それ以外にも、支社の仲間との結束も目的だったような気も致します。拠点長は全員、支社幹部も参加して楽しい時間でした。各拠点長も「今日は食事はいらないよ」と言って家を出ることが出来ました。

その効果が支社業績にも表れ、「やる時はやる、遊ぶ時は徹底する」が一体感に繋がり、この支社長の在籍中は抜群の成績で常に全国の上位でした。この二年間は良い思い出として残っております。

③何事も率先垂範二十四時間営業の支社長

支社の幹部が良く嘆いていた事の一つが、支社長からの夜中の電話との事。携帯電話等なかった時代で、連絡は家の電話のみであり、夜中でも朝早くでも、思い立ったら直ぐに電話をかける支社長がおりました。支社幹部や拠点長は、電話機を枕元に置いていつでも出られるように備えていたとの事。支社長になる前は、本店の法人営業部長として数多くの大型案件をまとめた、社内きっての辣腕と評判の方でした。言った側から行動に移し、気付いたことは何事も即判断し解決するせっかちな方で、ついたあだ名は日高支社長（仮名）の名前の頭文字の「疾風のヒーコー」でした。

現場が大好きで、支社長室には殆ど不在で事務方は困っておりました。突然現れてあっという間に去って行くので、疾風と呼ばれていたのが解ります。

ある夕刻、私の拠点に突然現れ、職員に声を掛けてくれたのは良かったのですが、たまたま自分は机で事務処理の最中でありました。支社長が拠点を出てすぐに電話があったのです。

「君はどうして職員と話をしないんだ。疲れて帰って来た職員へのねぎらいと、その日の結果を聞いてアドバイスをするのが君の大事な仕事じゃないか」と激しく叱責されました。拠点内では声に出さず、外から電話でご指摘頂いた支社長の配慮に感謝し、夕刻は極力職員との対話を心掛けました。

ある月、中堅建設会社の退職金制度導入の案件があり、担当部長に相談したところ、支社長が「俺が行くのでアポだけ取っておくように」との事。建設会社の事務所に同行して、社長と経理部長との折衝を拝見して、話の進め方とまとめ方に感心し、「目から鱗」でありました。事務所を出てからお礼を言うと「君が今日まで努力したから良い結果になったんだよ」と言って頂きました。この契約を機に企業保険や役員保険が好きになり、自信になり、その後担当した拠点でも大きく役に立ったのは「疾風のヒーコー」支社長のお陰です。

④第一声が「足下からの指導」の支社長

新年度の最初の拠点長会議は、誰もが心身ともに緊張して出席します。新支社長が、着席せずに会議室の入り口に立って迎えてくれました。会議冒頭の支社長の挨拶「六十分の三十八、六十三%、皆さん何の数字か解りますか？」当然誰も解りません。

「私の見方で、靴が綺麗かそうでないか」「合格者は三十八名、不合格者は二十二名」「**拠点長はじめ私達は客商売であり、常にお客様から、そして職員方から見られております。身だしなみは足下からと言われるように、第一印象が大事です。**誰とは言わないが、二十二名の一人と思った方は明日からしっかりと心構えをするように」

新年度の最初の会議で「靴がきれいか汚いか」の話をした支社長。そういえば今でも、自分の靴が汚れていないかと意識をするのは、この支社長のお陰だと思います。

⑤事前準備と隠れた気配りの支社長

山形支社は、東側は福島県境の米沢市、南は新潟県境の長井市、北は宮城県、西は日本海側に鶴岡市と酒田市と、県内一支社で五十拠点、職員数七〇〇名の大きな支社でした。首都圏の支社ならば、毎年全職員が集う決起大会や、年度末には送別全員大会等が催されますが、広範囲かつ冬季の雪の時期は集合する機会もなく、皆、支社長の顔すら解らないのが現状です。

米沢市の拠点を担当していた一月半ばだったと思いますが、支社長が朝礼に来るとの連絡がありました。この時期は大雪で、支社から一時間で来られる道も二時間以上かかります。前日支社長から「拠点内の座席表と古参職員、今苦戦はしているが君が声を掛けてほしい職員に印をつけてＦＡＸしなさい」との指示でした。翌朝九時前に拠点に到着し、朝礼では「雪の中毎日本当にご苦労様、皆さんの頑張りに感謝しております」と約十分程度の挨拶を終えると、職員方の座席を廻りながら一言ずつ声を掛けておりました。古参の職員には「〇〇さんいつもありがとう、身体に気をつけてくださいね」苦戦している職員には激励の言葉を掛けて一巡しておりました。通常ならば優績職員やリーダー達を優先して声掛けをするところ、普段は目立たない職員やベテラン職員に接していただきました。

私が前日に情報をＦＡＸしていたことなど知らない職員は「支社長さんは何で私の名前を知っているのだろうか」「頑張ってねと声を掛けてくれた」等々、支社長が帰った後はその話で持ち切りになりました。

人は、関心をもって頂いたり認めてもらう事でやる気がでること、そして準

備と気配りの大切さを学ばせて頂いた支社長でした。

4. 同僚から盗み、学んだこと

「同じ釜の飯を食う」と言いますが、上司でも部下でもない同僚とは陰日向なく付き合える仲間です。ライバルでもありましたが、本音で話し合い激励し合ったあの日々は貴重な財産です。現在では情報の伝達や共有は何事にも便利になりましたが、同僚と過ごした期間に学び、いただいた数々のヒントは私の財産です。

①四十分間で全員と対話し続けた拠点長

昭和六十二年に共に仕事をした先輩営業部長がおりました。過去に担当した営業部も成功させ、職員在籍は七十名以上、仕事を教わりに夜遅くに拠点を訪ねても、嫌な顔をしないで熱心に話を聞いてくれて解決策やヒントを指導頂きました。

その営業部長が毎日どんな朝礼をしているのだろうか？　と頼み込んで朝礼

の見学をさせて頂く機会がありました。九時からの朝礼開始で職員さんは八時二十分頃から出勤してきます。私も朝礼の準備をどうしているのかを見学する為に、八時には拠点に到着しました。そして驚いたことに、営業部長は通常職員が出入りする通用口のドアの側に折りたたみの机と椅子を置き、出社してくる職員一人一人に声を掛けているではありませんか。携帯電話等なかった時代ですので、社外からの電話は取りつがない決まりになっていたようです。その後、酒の席で朝礼前の行動について質問したところ、

「田嶋なぁ、俺たち職員とどれだけ対話していると思う？　三日も対話できていない職員も沢山いる。せめて朝礼前の四十分間に一言でも声掛けができたら、**伝えたい事や気になっている事も話が出来る。俺にとって一日で最も大切な時間なんだよ**」

今まで担当したどの拠点でも同じようにしていたそうです。職員方は最初のうちは抵抗もあったようですが、当時の出勤簿は印鑑を使用しており、営業部長が座っている机にある為、関所を通らなくてはならず、職員さんも開始をして十日位で慣れたそうです。わずかな時間で一言の対話しか出来ませんが、あ

る職員さんは以前同行した〇〇さんのその後を尋ねられ、当日再訪問して契約を頂けました。と嬉しい報告もあったとのことでした。三年間抜群の成績で、職員在籍一〇〇名（本店のハンドレッドクラブ）を達成して転勤していった営業部長が、通用口に座って声を掛けていた姿を思い出します。

②東日本大震災後に激励に訪れた優しい拠点長

東日本大震災で被災した岩手県で、かつて担当した拠点の職員の見舞いに行こうとの話があり、私も東北地方に五年間お世話になっていたので、北上市の社会福祉協議会を通じて災害ボランティアを申し込み、震災から半年後の九月に一週間の予定で、主に三陸大船渡市の土砂の片付け作業を行いました。

週の半ばに一日休みがあり、山田町を目指して大槌町、釜石市を経由しましたが、途中至るところで想像を絶する悲惨な現状を見て、声も出ませんでした。同僚の檜山さん（仮名）が山田営業部を担当していたこともあり、当日仮事務所には十名程の職員が待っていてくれました。参加した三名で、食料やトレットペーパー等をできる限りの準備をして営業部を訪れました。檜山さんは事前に職員さんから希望を聞いており、大量の衣類とユニクロで購入したTシャツを贈り、涙の再会をしておりました。職員方の心を込めた「冷麺」をご馳走になり、逞しい職員方を激励して宮古市を廻って帰りました。

かつて共に汗した職員さんへの思いと、檜山さんの心遣いに感心し、こういう機会がなければ被災した地域も報道で知ることしか出来なかったと、誘ってくれた檜山さんに感謝しました。

私はその後三年間ボランティア活動を続け、少しずつ復興している地域の姿を確認することができました。昔の仲間は良いものです。

③何よりも提出期限を厳守した拠点長

拠点長の仕事の大半を占めているのが、各種の報告書です。今ではペーパーレスの時代でメールでの報告で済むところ、当時は紙での提出やＦＡＸが主流でありました。各部と各課から要求してくる報告書類は毎日あり、受ける方は一人で、多忙な時はついつい先延ばしして〆切ギリギリになる事も多く、良く督促されておりました。

首都圏の支社で、私が四階、同僚は六階の拠点長で、お互いに酒が好きで、仕事帰りに週に三度位、街に繰り出して飲み明かしていました。彼について感心することは、各報告書は当日中に処理し、提出を徹底していたことです。机には「本日中処理」のＢＯＸがあり、必ず空にして帰る日課でした。本人は真面目な顔で「自分がもし倒れてしまったら報告できない、だから周囲に迷惑を掛けないように、今日中に報告書を提出するのです」と言っていました。

それ以降自分も少しでも近づこうと努力しましたが、すぐに改善は出来ませんでした。しかし常に意識をすることが出来たのは、〇〇営業部長のお陰です。報告はつい後手になって、慌てて提出することになってしまいます。期日を守ることは、報告を待っている先方との信頼を築く大切な事と思います。

④新潟から四時間かけて山形まで勉強にきた拠点長

「盗む」とは他人に所属するものをひそかに奪い取ると辞典にありますが、もう一方の考え方は「ひそかに学ぶ真似をする」とも解釈できます。他人から知恵をお借りして自分のものにすることは恥ずかしいことではなく、特に営業の世界では必要不可欠と思っております。先輩や同僚から学ぶ、同業他社のやり方を学ぶ、本や業界誌を参考にする。自分一人で悩まずに周囲から教わる方法はいろいろあります。

ある時、某拠点長から電話がありました。新潟県糸魚川市の拠点長でした。私の「地方都市での営業戦略」の取組事例が本社の会誌で紹介され、詳しく話を聞きたい、資料が欲しいので伺いたい、とのことでした。今ならPCでの資料送付やテレビ電話で済みますが、北陸道と山形自動車道を利用しても四時間を要するのに、土曜日の十時に到着しました。朝五時前に糸魚川を出発したそうです。初対面の拠点長でしたが、実に熱心に質問と相談を頂き、私もつい熱くなり夕刻まで話が続きました。資料のコピーや拠点内の掲示物等を写真にとり、又四時間の道を帰路につきました。その十日後にお礼状と糸魚川での取組状況の報告を頂き、少しは役に立てたのかなあ、と思いました。その後もお互いに情報交換しあい今でも交流があります。

私だったら訪問もしないし、糸魚川の拠点長の「**直接話を聞き、自分の目で確認する**」積極行動と、他人から学ぶ姿勢の大切さを感じた出来事でした。

⑤対話は具体的に、が指導の基本だった拠点長

拠点長の大事な仕事の一つに「職員の見込み客の管理」です。同行時にお会いしたお客様や企業、職員と対話時の顧客名、保険提案先等々、材料はあっても大勢の職員が在籍していたら把握は困難になります。

伊藤営業部長（仮名）の場合は大学ノートに職員毎の索引をつけて、主に同行先や提案先名を記録しておりました。

「〇〇さん、先月訪問した高橋さん、その後どうなりましたか」

「近く一緒に同行したいけれど先方の都合は如何でしょうか」

対話は常に具体名。実は自分の机の中の大学ノートをこっそりと確認してから職員さんに話をしておりました。職員方も数か月前の顧客名や協力者を覚えてくれていることに感激し、営業成績の向上と共にお互いの信頼に繋がり、優績拠点を続けておりました。

個人面談ではついつい「今月の成果はどう？　〆切までいくら出来るの？」の半ばプレッシャー面談になりがちですが、具体的な顧客名を対話の中心にし

ていた伊藤拠点長の経営を学びました。

5. 拠点経営で教えられたこと

現在、生保損保で拠点を任せられている方、将来営業管理職を目指している方、厳しい世界と苦難も待ち受けていると思いますが、大手生保時代の三十年間、失敗だらけの私が敢えてお話ししたい事をお伝え致します。

①拠点長は未来永劫ではない

以前、日本経済新聞の新社長紹介コーナーで目にした、ある社長のコメント「社長と言っても所詮は中間ランナーです。次の走者の為にバトンの中味をいっぱい詰めて渡したい」こんな記事がありました。

オーナー社長、二代目社長であればともかく、中間管理職である拠点長は中間ランナーではないでしょうか。

担当期間は夫々でしょうが、無事に在任期間を満足して終えられるかは、貴方の努力次第であります。

大半の職員は三か月で拠点長を見抜いてしまいます。何名にも仕えた職員は尚更です。

「この人は私達の為に一生懸命働いてくれそうだ」

「この拠点長は自分の出世を第一に考えている人だ」

私も首都圏から地方支社に転勤した直後に、陰で「旅の人」腰掛けで来た人と言われておりました。拠点長がいくら有能でも働くのは職員さんであり、大きな声を張り上げても結果はついてきません。時間はかかりますが、職員さんと心が通うようになるまで、根気よく又真摯な態度、何事も感謝の気持ちで接することです。


私は二年間、東日本の営業教育部に在籍し、沢山の職員さんと触れ合いを持ちました。研修の機会にはこんな問い掛け（アンケート）を致しました。

「拠点長との関わりに中で、貴方がヤル気が出た時、又嬉しかった時はどんな時？」

いろいろな回答がありました。一部を紹介すると、

＊拠点長からの気配りと細かなアドバイスを頂いた時。
＊成果よりも目に見えない努力を認めてくれた時。
＊優績者だけでなく誰にも平等に接してくれる。
＊同行頂いて大型契約がまとまった時。
＊成績が良かった時は皆さんのお陰、悪かった時は自分の責任といつも言っている。
＊母が入院している病院に見舞いに来てくれた。
等々まだまだありますが、この結果を自分の評価としたら、一〇〇点満点中四十～五十点でありました。

「自分が嬉しかった事を人にしてあげる、嫌だった事は人にしない」の言葉のように、日頃からの行動や言動に「感謝」の気持ちを持つことが、先ず信頼を得るための第一歩です。

②耳で「聞く」から心で「聴く」努力

大手生命保険時代で実際に営業していた職員の大半は女性であり、ベテランから独身の職員まで年齢に大きな開きがあります、母と子、孫が同居をして働く職場でした。営業の職場ですので、仕事上の悩み以外にも人間関係やストレスも多くあり、退社の申し出を受けることがあります。成績が上がらず今後続けて行く自信がないとの申し出については、私や会社の指導の不足をお詫びして、今後の活動を話し合い、何とか半分位は思い留めることも出来ましたが、人間関係のもつれで活動以前に出社したくない、子供の世界における登校拒否の状態になっていると、防止は困難でした。うすうすは感じており、同僚職員から心配の声も聞いてはいましたが、その時に対応をしないまま時間が過ぎてしまい。大切な職員一人を失う結果になってしまいました。

同僚に実に自然にコミュニケーションを取るのが上手い拠点長がおり、「部下を孤立させない」の一言対話で「調子はどうだ?」「困っていることはないか?」の御用聞き方法で気軽に声を掛けておりました。たいていは「大丈夫です」「特に問題はありません」の返事が返ってくるそうですが、たったこれだけのやり取りでも、二つの効果があるそうです。

一つは「表情や声の調子から状況を予測できる」

もう一つは「気にかけてもらっているという印象を与えられる」のだそうです。

コミュニケーションの基本は「挨拶」と「傾聴」と、ある本にありました。一般的に、**相手の話は「耳で聞きます」が、大切なことは、言葉の背後にある気持ちを感じ取り「心で聴く」ことが「傾聴」とのことです。**

特に上司部下、先輩後輩の対話では、上位者の目線ではなく同じ目線で「聴く」ことを心掛けましょう。

第2章　自営業として独立（外資系生保代理店営業時代）

1. 五十歳からの再出発

①転職のキッカケ

転職する二年程前、ある町の書店で見つけた『これからの生命保険業界の徹底研究』という本との出会い。主な内容は、今後高齢化が進む中で、本当に必要で役に立つ商品は何か、これから保険会社の経営はどう変わっていくか、等でありました。たまたま義兄が癌に罹患して治療を受けており、入院手術以外の様々な治療と費用の負担の大きさも聞いていたので、がん保険と保険会社に興味がありました。米国から一九七四年に日本に進出以来、日本ではまだ「がん保険」が浸透していない時期、創業者の苦労と開拓精神に感銘し「医療保障は健康保険の補完商品」を強く営業の柱にしておりました。私はこの時期、六年ぶりに東北から首都圏の支社に戻り、地方の誠実な職員から激しい競争の日々にやや嫌悪感を持っており、妻と相談して思い切って転職をすることを決めました。五十歳になっており、定年の六十歳まであと十年、何事もなければ無事に定年を迎えることも出来ましたが、「**もう一度自分で納得のいく保険営業をしてみたい**」の思いが強く、その本の最終頁にあった本社住所に履歴書を送付致しました。

三十年間お世話になり、自分を育ててくれた会社を去ることに寂しさや不安もありましたが、これからは組織に頼らずに自分で道を開く楽しみもあり、これまでに営業で経験した出来事と様々な危機も乗り切った事を振り返り、「**絶対に成功する、してみせる**」の気持ちでした。

②保険会社の社員と代理店との違い

長年勤務した前の保険会社は社員、一方代理店は保険募集を代理で行う委託業と、大きく違います。社員は給与扱いで、社内規定で健康保険、厚生年金、労災、退職金規定等が完備されておりますが、代理店の場合は給与ではなく手数料方式、出社の義務や社会保険等は一切ありません。但し、法人化している代理店に所属している社員の場合は、社内の規定も準備されているようです。

私は個人代理店でスタートしましたので、社会保険等は自分で準備し、全て自己負担。収入は出来高払いの手数料、所属支社の担当者からの支援はありますが、活動計画はじめ見込み客づくり、契約の取り扱い、お客様から依頼される給付金や保険金請求の手続き、保全処理は基本的には代理店自身が行います。拠点経営者から一営業者に戻ることへの抵抗はありませんでしたが、死亡保障が中心で、特約として医療保障を付加する商品から、医療、がん、介護保険等の単独商品を販売する方式に慣れるのに、少々時間がかかりました。

過去は何事も社内規定で縛られていた私にとって魅力的だったのは、出社の義務がないことで、自己計画と自由な活動が出来る事、募集手数料の高さ、長期継続することで手数料の上乗せもあること、何よりも健康であればいつまでも働ける、定年の制度がないことでした。

五十歳からの再スタートでしたから、二十年間の長期計画で七十歳までは仕事が出来る、と考えましたが、偶然そのとおりになってしまいました。

2. 開業までの準備

①活動開始前は先ず地域を知ることから。

十月末に移転したのは、神奈川県西部の人口十万人の小さな市でした。周囲は箱根町はじめ四町に囲まれ、自然に恵まれて空気が美味しく、なによりも富士山がいつも側にありました。三十年間の転勤生活で知縁も人縁もなく、初めて住む土地でしたが、開業まで二か月間ありましたので、それまでの準備を自分なりに計画致しました。

1. 地域の歴史や、商業、環境の調査・・・図書館に行き、町の歴史と地名の由来や功績を残した人等を知ることは、その土地で仕事をする上で大切であり、地域でのお客様との対話に大いに役立ちました。

前職で転勤を繰り返し、赴任先の土地を知る習慣が出来ており、ここでの暮らしと仕事をする為に必要な事です。

2. **開業挨拶状の作成・・・**自己紹介を兼ねた○○生命代理店開業の挨拶チラシを世帯数分印刷、発注、飛び込み訪問ポスティング用、新聞折り込み用、会社・商店訪問用として三万部を準備。

3. **転職挨拶と新事業の開業挨拶状・・・**お世話になった○○生命時代の上司、同僚、職員さん、親しかったお客様等へ挨拶の手紙を出状。その後沢山の方がお客様になってくれました。

二か月間はあっという間でしたが、周囲の道路を覚え、町の中心や地域の公共施設を調べ、自治会や近所への挨拶等、又、開業後はどこから活動するかを計画し、この期間の準備が後の役に立ちました。

②独立する自分を変える為に行った事

社宅生活で家賃はなしから、移転先の中古住宅は家賃月十万円、収入は今後の頑張り次第の中で、先ず自分の生活環境を見直すことから始めました。車はアウディーから中古の軽自動車、高級？　背広から動きやすい量販店のスーツへ、革靴をゴム底靴へと変えました。

そしてこの事業を成功する為に、ミッション（使命）を自分なりに考えた時に思い浮かんだのは、大手生保時代で触れ合った多くの職員さんでした。長く優績を続けて模範的な活動でお客様からも信頼があった一人一人の共通点をまとめ**「仕事の基本・七つの習慣」**として事務所に大きく掲載しました。

1. 私たちは、人の為に役立つ仕事をします。
2. 今日の仕事を明日に残しません。
3. 契約より保全や依頼事を優先します。
4. 長居や長電話で時間を無駄にしない。
5. 記録、メモ、お礼状の励行。
6. 仕事と私事の区別をつける。
7. 何事も感謝の気持ちを忘れない。

現在も事務所内に掲示されており、毎日目にしております。

③開業後の事業計画と活動の具体策を作成

事業の発展に「将来計画」は欠かせません。綿密な大袈裟な計画書などは必要ありませんが、先ず開業から初期三年間の活動計画は、目標を明確にして達成実現の為の指針になります。十年先の長期の経営目標より、開業時の年間毎の位置づけと具体的な活動をＡ４一枚にまとめました。

一年目：○○生命地域代理店開業をＰＲして認知頂く活動・・・方法は飛び込み（ポスティング）、新聞折り込み、電話帳（タウンページ）、地域タウン誌の掲載、自治会回覧板内のＰＲ。

二年目：地域代理店ＰＲ活動＋法人会、商工会への取組み・・・ポスティング（業者に五十％委託）法人会員名簿を提供頂き地元企業に挨拶訪問、商工会の加入後役員企業、商店に挨拶訪問。

三年目：二年間のＰＲ活動を更に深くする活動・・・地元タウン誌に活動紹介を連載、法人会の本格活動を開始（年二回のがん保険推進キャンペーン実施）。

初期三年間は「基礎固め期間」として、地域内に早く広く代理店の存在を知って頂く為に専念致しました。

計画は、具体的な行動をどうするかが中心でしたが、事業ですので当然売上げ目標は必要であり、手数料目標でなく契約件数を目標にしました。三年間で三〇〇件（一年目：五十件　二年目：一〇〇件　三年目：一五〇件）の大きな目標でしたが、主力の医療保険分野は、手軽な保険料と誰もが必要性も感じてきており、第一に契約者数を増やすことに力を入れました。

目標は「責任＋挑戦」の考えで、「責任」とは事業を維持する為と家族の生活に必要な資金の目標で、「挑戦」とは夢を叶える為のチャレンジ目標です。出来ない大きな目標を掲げるより、身近な目標に挑むことが達成感もあります。

④地域で認知度を高める為の間接営業

事業のＰＲは、開業挨拶やタウン誌等々地域に向けた対策を行いましたが、身近にある地域の皆さまと直接触れ合う機会は、その後大変役に立ちました。転居後に自治会に加入し、地区内の祭礼、体育祭、文化活動への参加と協力、二〇一一年の東日本大震災時に被災地に届ける物資集配の手伝い、ソフトボールの地元チームとの年間十試合を超える中で、試合と試合後の懇親会、商工会や法人会での仲間づくりは、時間の経過と触れ合う回数で親しみが増してくるものです。保険営業の紹介や保険の話は一切しませんでしたが、狭い地域なので口コミやＰＲ誌等で、「田嶋さんは〇〇保険の営業しているのだね」と声を掛けて頂き、気が付けば、二十年間ではかなりの契約者様が増えておりました。

提案や面談訪問が直接営業とすれば、地域の諸行事やボランティア活動に協力することは間接営業になるのかも知れません。

3. 見込み客づくり活動

①開業一年目の事業PR活動

開業初日（大安日）は地元の神社に事業成功祈願をし、最初に訪問したのは地元のタウン誌の会社でした。

開業の挨拶と、タウン誌への開業の案内掲載のお願いです。この会社にはその後定期的に記事を掲載頂き、地域内の浸透に効果があり、予期しない加入希望や資料請求も時々ありました。

自分自身の活動は、訪問軒数を一日三〇〇世帯、一週間の目標を二〇〇〇世帯と決めて、近くは自転車で、少し遠くへは軽自動車を空き地に停めて、一軒ずつポストに投函しました。偶然顔を会わせると「こんにちは、今度この地区で〇〇生命の代理店を開業した代理店の田嶋です、宜しくお願い致します」と声を掛けて手渡しました。三十年ぶりの飛び込み訪問は新鮮で、昔を思い、寒い一月でも汗だくになった事を思い出しました。少し前は拠点長として八十名の職員を指揮して威張っておりましたが、一兵卒になった自分を支えてくれたのは「何としても成功して、家族を幸せにする」でした。

記念する第一号契約は、飛び込み二十一日目の町営住宅の老夫婦でした。

「あなたがずっと私たちの面倒を見てくれるなら契約するよ」

「わかりました、お約束します」

契約申し込みを頂いた帰路、嬉しくて涙が溢れたあの日が昨日のようです。

ポスティングやタウン誌の効果もあり、開業一年目は思いがけなく一六七件の契約件数を取り扱うことが出来ました。但し、三年間は基礎固め期間の一年目であり、油断をせずに他力に頼らずに「自身の行動が明日を開く」と言い聞かせて二年目に入りました。

②お客様を広げ、育てる活動

開業一年目は何とか所期の目標は達成しましたが、この事業を長く続ける為には、地域の個人世帯に事業所訪問を加える事が必要と考えていた時に、所属していた支社の担当社員さんから「田嶋さん、法人会の会員企業を訪問しませんか」の話があり、早速、推進委員に登録し、担当法人会の会員名簿を頂きました。

会員名簿の中から地元の企業を選び、毎週三十企業の訪問を目指しました。多忙な月末や月曜日を除いて、ポスティングを実施している地区内の会社を訪問することで、時間も無駄になりませんでしたが、小さな町ですから社員二十名以下の大企業の下請け企業や家族法人も多くありました。法人会専用の資料を持参して「○○法人会、福利厚生担当の○○生命代理店の田嶋です、本日はがん保険のPRにお伺いしました」経営者に面談は出来ないことが多かったですが、総務や担当者の方に資料を手渡しする活動でした。前大手生保時代では、職員の行く先づくりは大切な仕事であり、企業訪問が苦でないのは前会社のお陰だと感謝しております。

訪問したある会社で、資料を見た社員さんが、がん保険を検討中だった幸運もあり、職場に訪問して契約を頂きました。職場活動の良いところは、最初の契約がキッカケで徐々に広がることです。同僚や後輩に「お前もがん保険に加入したら?」と声を掛けてくれることもあり、訪問企業も見込み客も増えて訪問が楽しみになってきました。
又、社内の旅行やイベント、忘年会等にはささやかな差し入れをして、日頃の感謝は欠かしませんでした。

(見込み客を育てる)

二年目を過ぎる頃から、資料の問い合わせで訪問した方、提案をした方も増えてきました。どんな作物でも、種を蒔いた後には肥料や水をやり、消毒をして雑草を取り、天候に気を配り、ようやく収穫の喜びがあるように、私たちの仕事も同じです。せっかく見込み客ができても、途中で訪問をしなくなったりあきらめたり、又収穫を急いだりして、実る前に挫折してしまうことがあります。

どんな商売にも商品の棚卸しや仕入れの見直しがあるように、私たちも大切な「見込み客」の棚卸しは必要です。**私は月に二日間の「培養デー」を決め、当月の有力見込み客以外の方へ終日訪問に専念しました。**
お会い出来た方には医療関連のニーズ喚起の資料、不在者宅には「近くまできましたのでお寄りしました」の簡単なメッセージと資料を投函しました。提案者で、誕生日も近く年齢で保険料が変わる方にはお知らせも兼ねました。培養デーで留意したことは、契約を急いだりせずに、御用聞き方式で「お変わりございませんか」と気軽に声を掛ける訪問に徹しました。生命保険文化センターの統計によると、全契約の七十%は四回目の訪問以降であり、「見込み客を広げる」と「育てる」は両輪です。

③紹介したい人、したくない人の違い

どの商売でも、紹介によって商談がまとまった時は嬉しいものです。紹介は貴方への信頼の証であり「この人なら紹介しても安心」と感じたからです。紹介者が貴方に不信感や不安を感じていれば、大切な友人や知人など、紹介はして頂けません。

生保の営業で紹介が生じる機会は、大きく分けると三つあります。

一つは、長年の訪問で家族同様に親しくなり、自然体で紹介が生まれるケース。

二つ目は、保険金や給付金給付の手続きでお世話になり、保険の有難さを感じた時。

三つ目は、自分が契約した商品を身近な方にお勧めしたい、と思うケースです。

三年間一緒に仕事をした串原さん（仮名）は、年間成績の四割以上が紹介による成績でした。高価な手土産やギフトは一切使わず、花が好きな人には花の種を、甘党の方には大福を、と相手の嗜好品に応じた心遣いが大変上手な職員さんでした。入院先への見舞いや慶弔関係に敏感で、子供の結婚や出産時にはささやかなプレゼントをしており、けっしてお返しを求めたりしない方でした。

紹介したい人の共通点とは・・・紹介者の信用を損わない為に、先方の情報（年齢・希望商品）等を把握した上で、訪問日時に遅れないように訪問する。そして訪問後は、結果に関わらず報告をすることです。

「〇〇様のお陰で話を聞いて頂きました。検討してご連絡下さるそうです。ありがとうございました」

紹介したくない人の共通点とは・・・訪問後、何の報告もない。上手くいったのか、いかなかったのか、どっち？　紹介頂く時は調子良いが、私も先方に連絡やお願いもしたのに、もう二度と紹介しない。

又、紹介した方から連絡あり、少し強引で契約を急いでいた。他生保で契約している商品の欠点ばかり指摘され、自社の優位性の話ばかりしていた。

このように紹介者の信用を失う行為は慎みたいものです。報告後にお礼状や心ばかりの品を届けるのも効果があります。

医療保険等の給付金の手続きを終えた後は、さりげなくご家族の契約の内容をお聞きして情報を得ましょう。

4. 顧客との信頼を深める工夫

①定例訪問が、接点強化の原点です。

定例訪問を重ねる毎にお客様との信頼が築かれ、結果として成績の安定に繋がります。常に平均以上の成績を続けている職員と不安定な職員との差が何かは定例訪問の差であります。

保険会社は金融庁の指導で、ご契約者に毎年定時に「**ご契約内容のお知らせ**」を郵送しております。加入した時には理解したつもりでも、時間の経過と共に内容も解らなくなり、当該契約を確認する為のツールであります。各社の資料の内容は異なりますが、どの会社も解り易い内容になっており、万一の時の連絡先も明示されております。某保険会社は「契約確認運動」として全職員の訪問を義務づけており、担当者の確認状況を報告し、全軒訪問を目指しているそうです。担当職員も面談時に契約の内容を確認しながら、保障の見直しや新商品の紹介も出来、各月の挙績の占率も高いそうです。

私も毎月郵送リストを出力し、毎月二回の「培養デー」に合わせて訪問を続けました。近隣は前日に電話で約束し、遠方は「お元気ですか、本社から契約確認の資料が届いていませんか？」と話を始めます。

二十年間のこの活動から、年間成績の三割程度は「契約確認訪問」からであり、契約者ご本人から家族の契約に広げられた大切な活動でした。

又、**年末のカレンダーお届け**訪問は、会社の義務づけはないので任意の活動になりますが、私は年賀状の代わりに「年末挨拶状」として「今年もお世話になりました。来年もどうぞ宜しく」と、その年の私の活動とＰＲを兼ねて印刷し、約二〇〇〇世帯に毎年十一月三日から挨拶を開始しました。一日の訪問が五十世帯としても月に一〇〇〇世帯の訪問であり、不在宅もあるので殆どがポストインでした。遠方のお客様へは「小型カレンダー」を郵送し、十二月十五日には完了するスケジュールを立てて、妻や長女に運転を頼み、私にとっては年間の大事な活動行事になりました。十五日以降は、法人会員企業の挨拶と社員が集まる休憩室や食堂へのカレンダーの掛け替え、取引先の介護施設、歯科や眼科、他クリニックにお届けしました。

営業の年間目標一〇〇％に対して、一月～九月迄の達成目標（ペース）は八十五％、十月～十二月は十五％としていたのは、カレンダーお届け挨拶訪問を最重点にしていたからです。その効果といえるかは疑問ですが、毎年一～二月の成績は約三割にもなり、この結果は、二か月間汗だくで訪問した褒美だと感じます。

大事なお客様や企業には中元、歳暮の訪問も大切ですが、私は単価が安く「心が伝わる」ギフトを使います。その中でもずっと継続したのは「**お盆訪問**」です。一年間に亡くなった契約者様の新盆に供え物を持って訪問します（ゼリーセット八〇〇〇円）。仏前に線香を備えながら、生前に世話になった話も出来、ご親族にお会いできることもあり、その後紹介も頂きました。

バースデーお祝い訪問をしている職員もおりますが、忙しくなり誕生日当日を超えてしまったり忘れたりと、長続きしない定例訪問は最初からしないことです。もっと身近に「心を通わす」訪問はあります。

②保全と依頼事を最優先する営業

サッカーやバスケットは攻守が目まぐるしく変わり、野球はイニング毎に攻めと守りが変わる明確なスポーツです。保険営業でいうと**「攻める」は契約の獲得**で**「守る」は契約を維持**する、大切な二本柱です。

ご契約者が「保険の見直しや追加の申し込み」を行う上位は、入院時の手続きでお世話になった。名義変更を依頼したらすぐに対応してくれた等々、保全手続きから生じたことも多く、当然の業務として自然体で行っていますが、お客様は言葉には出さなくても貴方の行動に感謝しております。

特に日頃健康な方々で、思わぬ病気で保険の世話になってしまった方は、より感謝の気持ちが強くなります。

会社の団体契約や通販取扱いの場合では、殆どの手続きを保険会社に依頼するので、ご契約者様は書類を郵送しなければならないケースが多くあります。

自営の代理店や地元の代理店の場合（例）

1. 給付の連絡と手続き依頼を受けたら、すぐに書類を手配する。

2. 保障内容を確認し、給付対象等や必要書類を説明する。

3．書類の作成はご契約者の面前で行い、不備がないように慎重に取り扱う。
4．支払い完了のお知らせは必ず受取人本人に知らせる（後日、本社から明細書が届きます）。
5．全て終了後に訪問する（お見舞いを兼ねて、その後の回復状況を確認の為）。

保険営業に限らずサービス業は「売った後のフォローの良し悪し」で次の販売や紹介に繋がります。ある大手の自動車販売の営業マンは、上司の許可を頂きサービス工場の社員さんと顧客宅を回り「お車の調子は如何ですか？」と終日訪問し、オイルや空気圧の点検をし、喜んで頂けたそうです。その営業マンは、数年後に本社のトップ営業を長く続けたそうです。

販売に比べて保全活動は、目に見えない、又直接成果に表れない陰の仕事ですが、地道な活動と思いやりの心は成功に繋がる原点であり、オフェンスとディフェンスは保険営業の両輪です。

③アナログ営業（手書きの葉書の活用と効果）

三十年前の黒電話（公衆電話）の時代から、今や子供から老人までスマホを持ち、インターネット機能で何でも瞬時に調べられるし、買い物も保険もネットで出来る便利な時代になりました。かつては連絡を取り合う一手段であった手紙や葉書は、通信手段の進歩に伴い「気持ちを伝える道具」へと、その役割を変えつつあります。手紙を書く時は、どんな言葉を使おうかと思いをめぐらせ、手間をかけて文字をつなぎます。

「人のぬくもりが伝わる、これが手紙の魅力です」

法人会活動で訪問し、多忙の中一分程面会し、パンフレットだけ受け取ってくれた社長さんから「先日は失礼した、夕方四時過ぎなら時間が空くので来てほしい」の電話でした。面談した夕刻に「本日はご多忙の中伺い大変失礼致しました。又がん保険の資料を受け取って頂き有難うございました……」との面談へのお礼状で、感心されるような内容ではありませんが、「君から届いた葉書を朝礼で社員に紹介させて頂いた。早速営業で使わせて頂くことにした」とのことでした。ＯＡ機器やコピー機の販売とメンテナンスを行っている二十五名位の会社で、翌月の給料日の夕方、全員が揃う時にがん保険の説明をしてほしい、の申し出でした。

後日解ったことで、社長の奥様ががんで長く闘病しており、がん保険の必要性を感じていたとのことでした。説明会の当日は七名、後日五名の契約を頂戴し、その後は医療保険も含めて二十件の契約がまとまりました。

保険をどこにするか、誰にするかの選択権は、お客様が一〇〇％持っているのですから、他社と競合していたり、迷っているお客様には先ず先手を打つことです。ダメでもともとです。

（例）

＊契約や紹介のお礼。

＊大切な時間をお借りしたお礼。

＊説明が不十分だったお詫び。

＊お客様のご要望に応じたプランを提供できます。

＊いつもお客様の近くで仕事をしております。

……簡単な文書で構いません。商品の説明や契約を促す内容は逆効果になります。見返りや効果を期待するものではなく、感謝を伝える六十三円の葉書だと、気軽に出状することです。

東京駅八重洲口から十分歩くと、ARTIZON MUSEUM（旧ブリジストン美術館）があります。私は年二回程見学に訪れて、世界の有名な絵画のポストカードを大量に買い、絵の好きな人や主に女性のお客様に使っておりました。小さな額に入れて飾って頂く方も多く、訪問するとその額を見せてくれます。旅行先での絵葉書も話題になります。同じ葉書であれば少し目立ち、喜ばれるカードの活用も考えたら如何でしょうか。

「時間がない、字が下手、どう書いてよいか解らない」

時間がない人は、仕事を終える二十分前に、一人だけでも良いので面談のお礼状から始める。

字が下手な人は、考え方しだい。あまりにも上手な字は劣等感を与えることになりかねない。逆に下手な字は、相手に優越感を与えることで人助けにもなる。なにより「それなりに努力しているな」と受け取ってもらうことが大切。

どう書いてよいか解らない人は、「モデル文書」を用意して、慣れたら徐々に自分の個性を出していけばよいと思います。

5．事業計画と身近な目標

①中期、長期ビジョンの必要性

会社には事業計画や経営方針があり、社員全員がその計画に基づいて仕事をしますが、個人代理店も同じだと思います。事業を長く続け発展させる為に、中期、長期のビジョンと方向づけが必要です。

会社であれば役員、幹部との話し合いで、個人事業であれば家族で相談して決めることが大切です。何事も共有がなければ、社長が勝手に決めたのでしょうになってしまいます。

中期や長期のビジョンがあれば、その目標に向かって努力が出来ます。大袈裟な計画書など必要ありませんが、出来れば三年先、五年先位の構想や夢を入れた計画を立てたいものです。

自社の場合（十年計画）

1. 初期：基礎固め期間（一九九九年～二〇〇一年）

＊地域代理店としての認知活動・・・開業案内（ポスティング・新聞折り込み・地域タウン誌・他）

＊地域の法人会活動・・・会員企業の飛び込み訪問・がん保険キャンペーン

2. 中期：方向づけ期間（二〇〇二年～二〇〇四年）

＊法人の設立⇓二〇〇三年七月（有）タジマ保険設計事務所設立

＊損害保険と複数生保の乗り合い⇓損保一社、生保三社と提携

＊社員の拡充⇓男子一名（損保専任）女子二名（生保）

3. 後期：事業固めの期間（二〇〇五年～二〇〇八年）

＊事務所の移転⇓家屋兼事務所の新築

＊対外研修業務の開始⇓全国生保での講演（年平均十五回）

＊顧客サービス専任社員の育成⇓保全、給付手続きの対応・定例訪問

十年間での計画の中で、法人化、複数生保の乗り合い、社員の拡充、自宅（事務所）の新築が達成でき、次の十年に繋ぐことが出来ました。振り返って良か

ったことは、**初期の三年間、活動範囲を地域内の半径十キロに決めて、開業の案内を徹底した**ことに尽きます。要望や依頼事にすぐに対応でき、時間と経費の無駄を省けました。保有契約も初期の三年間で五〇〇件、中期六年目末で約一五〇〇件、後期十年目末で約三〇〇〇件と順調に伸びてきました。

ビジョンは社員と共有し、目標が達成した時にはボーナスや社員旅行等の企画も設け、全員が目標達成に一丸となる為の励みも考えたら如何でしょうか。

②重点テーマのある経営

営業の事業は、どこも年間の売り上げ目標があります。目標〇〇〇〇万円、前年度の一二〇%等々、年間目標をやり上げる為の対策は当然として、もっと大事なことは、**年間活動の重点テーマを決めること**です。自分の事業で、何が進んで、どこが遅れているかを分析して、年間の取組みテーマを設けることです。

自社の場合（例）

二〇〇二年度：法人会契約を全体の三割を目指す。
二〇〇三年度：がん保険の推進（年間〇〇〇件）。医療保険のみ契約者のがん保険の追加・世帯内がん未加入者の提案・がん特約の付加。
二〇〇四年度：家庭内の白地開拓（未加入者の情報収集）。

会社の課題（重点テーマ）が見つかると、達成する為の戦術（具体策）が生まれ、共通の認識の中で社員全員の士気も上がります。但し、何事も幹部だけで決めずに社員の意見を聞き、賛同を得ることです。

ある年度に、社員からの提案で「毎月二十五日〆切」にチャレンジしました。十二分の五か月が達成、七か月は未達でしたが、全員が二十五日〆切を意識した良い機会でした。

6. これからの保険営業

①ますます複雑化し、多様化する保険業界

毎日ＴＶのＣＭで流れる自動車保険のネット販売、新聞に大きなスペースで掲載される生命保険会社のＰＲ広告、昭和の時代には、生命保険は○○生命、損害保険（自動車・火災保険）は○○海上火災が主流であり、長い間定着しておりました。

現在では時代の変化と共に保険業界も大きく変貌しつつあり、一般生保も損害保険商品を販売し、損保会社も生命・医療保険を取り扱い、加えて外資系生命保険会社の躍進、金融機関の窓口営業、各種共済保険、ネット販売、通信販売等々、拡大と氾濫しております。業界の競争は商品の多様化と複雑化に繋がり、お客様は選択に迷い苦労します。

又、最近では保険ショップ営業として、お客様が店に訪れ、社員から説明を受けて契約する店舗営業も増えております。保険ショップは一社の保険会社だ

けでなく複数生保を扱う店舗もあり、要望に応じた商品の選択も可能です。

生命保険は「安心を買う商品」であり、購入時には契約する商品の中味を理解し、健康状態を告知する義務があります。通信販売やネットで購入する場合は、営業社員（代理店）が介在することなく、気軽に申し込みもできる面もありますが、いざ保険事故や入院の給付等が発生した場合、対応への不安があります。

今後も、業界の競争が激しくなると予想されます。若年層と中高齢者では、考え方の相違はありますが、若年層の方は商品の比較検討もネットでも簡単にできるし、営業の方と面談しないでも契約できます。一方中高齢者は、年齢的に健康面で慎重に保険を選択することが大切で、信頼でき、いつも営業社員が見える会社を選択する事をお勧めします。

ビジネスの現場ではリモート会議やテレワーク、営業の世界でもテレビ電話やWEB面談を使った商談が増えており、システム化を推進して、ますます営業手法を変えつつある会社もある一方で、社員による人間関係づくりを愚直に守り、営業を続けている会社もあります。

ことわざにある「温故知新」のように、保険業界も「古き良き伝統を残しながら新しいものを取り入れる」そんな時代かも知れません。

②お客様が保険を選ぶ基準（キッカケ）とは

ある保険業界誌による、「契約者はどんな基準で保険を選ぶか」の統計では、沢山の回答の中で下記の点が上位三位でありました。

1. 保険会社のイメージ・・・健全性・販売実績・信用度・認知度・好感度。

2. 商品内容・・・保障内容と価格（保険料）・他社との比較。

3. 担当職員（代理店）の人間性・・・好感度・業務知識・いつでも連絡が取れる。

特に、上記3の担当者の人間性では、お客様の評価とは、

1. あの人は気持ちが良い・・・礼儀・明るさ・清潔感・聞き上手・気配り。
2. あの人は為になる・・・商品知識・他社商品の情報・社会保障や周辺情報に精通。
3. あの人は熱心だ・・・定期的な訪問と情報提供やアドバイスをくれる。

会社の信用度や商品内容（価格）で選ばれる基準もありますが、「大切な保険料、保障をこの担当者に預けても安心か」と、取り扱う職員の対応と印象も大きい要素です。店舗面談で来店したお客様、初めて会うお客様はいろいろな目で判断致します。

住宅会社の営業では、新築物件が完成し、引き渡し時にお客様の喜びがあり、車の営業マンは、新車の納車日にお客様の笑顔に接することが出来ますが、保険の営業社員は、万一の死亡や、入院給付金を受け取った時に、少しだけ感謝される仕事なのです。私たち保険営業に携わる職員は、お客様にとって、安心と感謝される日々を心がけ、誇りを持って仕事をしたいものです。

第3章　教育研修業の立ち上げ（EN湘南）

1. 七十歳からの再出発

二〇一九年末に生保募集人資格を返却し、お世話になった皆さまに挨拶を済ませている中で、以前一緒に仕事をした上司や仲間から、時間があれば後輩たちに営業の指導をして頂けないかとの依頼があり、自分の出来る範囲で協力をすることになりました。

私の営業教育関係の経験は、大手生保の一九八五年から二年間を東京営業教育部に在籍し、東日本支社の新規リーダー研修や、営業管理職の採用と指導、トップセールスマン研修等、宿泊を伴う集合研修が多く、二年目には札幌、東北地域、信越地域の支社での出張研修を経験しました。二年間仕えた営業教育部長は「**教育**」は教え育むと書くが、もっと大切にしてもらいたい事は、君たちの研修を受けて「**今日行く**」気持ちになって頂けることです。と常々話をしておりました。

独立後の外資系生保では首都圏の役員から声がかかり、営業教育部で発足した「地域アドバイザー」として現地の代理店に実際の営業手法をお伝えする研修で、主に「見込み客をつくり、育てる、広げる」がテーマでした。年間五回の約束が八年間で八十回以上になりましたが、首都圏支社を始め、秋田、郡山、水戸、岐阜、前橋、松山と地方支社の代理店との触れ合いは新鮮で、私も元気と勇気を頂きました。首都圏と地方支社では環境も経済も異なることもありますが、保険営業については、お客様への心遣いや活動手法等の基本は同じだ、と感じた八年間でした。

こうして十年間の経験はありましたが、昨今のデジタル型営業から、一昔前のアナログ営業が通用するのだろうかという心配もありました。しかし保険営業に携わる方に「**お客様と心を通わす**」営業を少しでも感じて活動のヒントにしていただけたらとの気持ちで引き受けました。

新事業の屋号は「ＥＮ湘南」で「良い縁」をつくりましょうとの思いです。

2.「EN湘南」研修プログラムの紹介

研修は一般生保損保の社員、保険代理店が主な対象です。新規代理店研修、プロ営業の育成研修、店舗運営研修、経営者マネージメント研修の5コースですが、主催者様のご要望に応じた内容の研修も準備しております。以下はコースの案内と研修テーマの内容です。

「生保・損保　営業研修コースのご案内」

研修内容の資料の一部を紹介致します。

1. 一般営業研修コース：テーマ　見込み客を育てる
2. 一般営業研修コース：テーマ　見込み客を広げる
3. 新規営業職研修コース：テーマ　保険営業の二本柱
4. プロ営業育成コース：商談の第一歩は電話の上手い下手で決まる
5. 経営マネージメントコース：目標達成の為の戦略と戦術

6. 経営マネージメントコース：二代目社長の成功と失敗
7. 「できる人」のメモ活用と習慣

【研修プログラム紹介】

【EN湘南】生保・損保 営業研修コースのご案内

基本研修プログラム

1. 一般営業職・生損保代理店研修

（テーマ）安定安定挙績の為の見込み客づくり

①見込み客を探す（つくる）
②見込み客を育てる（培養活動）
③見込み客を広げる（増やす）
④保険営業の二本柱（攻めと守り）
⑤目標達成の為の準備と行動

⑥まとめ（心かよわせる日々の活動）

2．新規代理店研修（三年未満）

（テーマ）開業初期代理店の基本活動

①「石の上にも三年」を我慢できるか

②一定エリア内の徹底活動

③見込み客をつくり育てる

④保険営業の二本柱（攻めと守り）

⑤営業計画と自己管理

3．営業プロの育成研修

（テーマ）販売力の強化と意識改革

①自己の活動の振り返りと新たな目標を考える

②立てた目標は達成しなければ意味はない

③目標達成の為の準備と徹底活動

④紹介が多い人と二度と紹介したくない人の違い
⑤商談の第一歩は電話の上手い下手で決まる
⑥プロは制限時間内でクロージングをする
⑦まとめ

4．店舗（ショップ）経営研修

（テーマ）生き生きと働く集団づくり
①ショップの見込み客づくりの工夫
②来店客を大切に育てる
③来店型ショップの成功事例
④マネージャーの役割
⑤まとめ（心かよわせる日々の活動）

5．経営者マネージメント研修

（テーマ）会社の発展はリーダー次第

①強い組織を作る為にどうするか
②チーム全員での人材育成
③目標達成の為の戦略と戦術を立てる
④組織は生き物、転ばぬ先の準備を
⑤二代目社長の成功と失敗
⑥まとめ（心かよわせる日々の経営）

【その他】
＊自粛期間中に出来る顧客との接点
＊定例訪問と効果的なギフトの効果
＊お客様第一の提案活動（複数提案）
＊手作り営業の効果（葉書活用）
＊本当の実力は「努力の裏付け」で
＊同僚から盗み、学んだ数々のヒント
＊今後の損保営業（多種目販売）

＊必要経費と費用対効果を考える
＊残る社員と辞めていく社員の違い
＊契約の引継ぎ時の行動と気配り

研修会の様式と研修対象

1．営業会議・セミナー等での研修・・・（上記5コース）から選択下さい
2．個人の営業コンサルティング業務・・・営業力アップの為のマンツーマン研修
3．一般企業・職場を対象にした講演・・・「職場内のコミュニケーション」研修

＊一般企業・法人会・商工会・職場単位の会合・等の保険以外の研修です。
主催者様のご要望に応じた日時や研修テーマ、参加人員等々何なりとお申し付けください。

①一般営業研修（見込み客を育てる）

見込み客を育てる

どんな作物でも、種を蒔いた後には肥料や水をやり、消毒をして雑草を取り、天候に気を配り、ようやく収穫の喜びがあるように、私たちの仕事も同じです。せっかく見込み客ができても、途中で訪問をしなくなったりあきらめたり、又収穫を急いだりして実る前に挫折してしまうことがあります。

貴方は定期的に見込み客の棚卸しをしていますか？

どんな商売にも商品の棚卸しや仕入れの見直しがあるように、私たちの商品である「見込み客」の棚卸しは必要です。

「棚卸し」はいつやるか

＊毎月、月初に月間計画を立てる時に実施する。（又は二か月に一回実施）

＊訪問先を見込み度に応じてＡＢＣランクに分類する。

Ａ：当日成約予定（ある程度契約の意思がある、先月の成約に間に合わなかった）

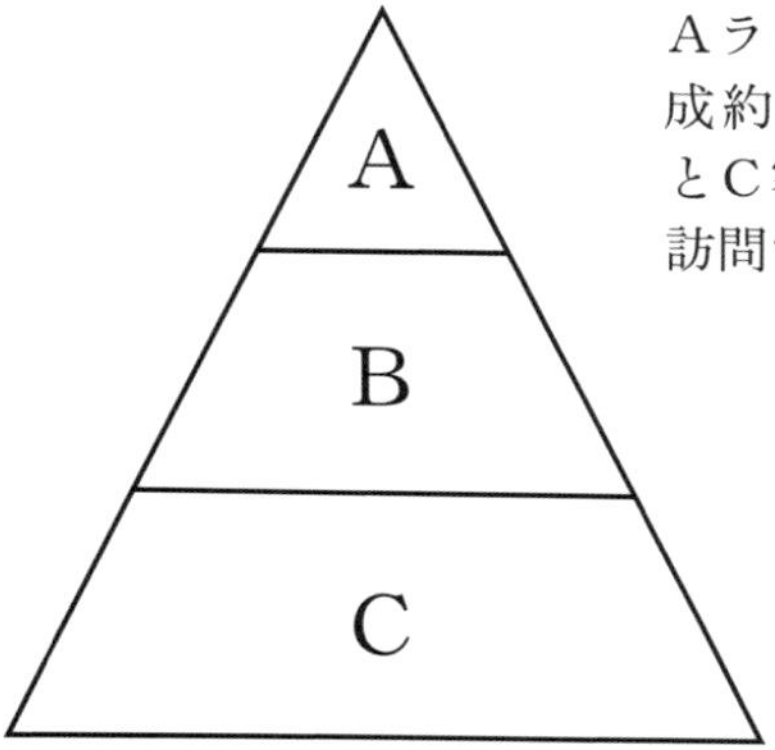

Ａランクが多い程当月の成約見込みはあるが、ＢとＣ客をいつどのように訪問するかが大切です。

Ｂ：成約には少し時間はかかるが、提案書を検討してくれている方
すでに提案済の方、紹介を頂いたがまだ面談していない方
翌月又翌々月に年齢が上がる方

Ｃ：見込み客には少し時間はかかるが話を聞いてくれた方、断られたが再訪問可能な方

「培養デー」を決めて、ＢとＣ客の訪問に専念する。

＊挨拶状＋医療関係（健康に関する）の資料の準備）＋名刺
不在者宅用「お変わりございませんか、近くまで来ましたのでお寄りしました

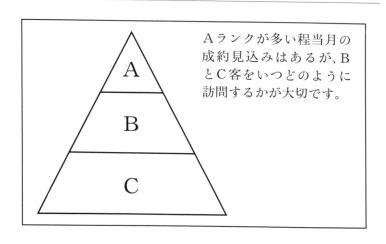

……」

＊培養デーは、エリアと訪問客をリストアップして終日、徹底して訪問する。
＊提案済者で、年齢が上がり保険料が変わる旨を伝える。
＊既契約者には、現在の保障の不足分を再提案する。

お客様の心理は変わる

有名人や著名人が癌での死亡をニュースで知り、同級生や知人の病気や死亡の報に接した時に、自分や家族に不安を感じるものです。

「私に万一の時、保障はどうなっているか」

「そろそろ考えなければ。どうせ話を聞くなら、いつも顔を出してくれる〇〇さんへ」


統計によると、**全契約の七十％は四回目の訪問以降です。**今月Aランク客が予定どおりに成約できたら、翌月はBランクをAに、CランクをBに昇格させる根気の営業が「商い」なのです。だから「あきない」というのです。

②一般営業研修（見込み客を広げる）

一人のお客様から輪を広げる活動

お客様の背中には大勢の人脈が隠れております。家族は勿論ですが、兄弟姉妹、結婚した子供の配偶者と孫、従妹、叔父叔母、職場の同僚や後輩、知人友人（飲み友達）同級生等々、毎日顔を合わせる家族や職場の仲間、年齢とともに会う機会は減っている方々と様々ではありますが、ご自身の人脈図を書いてみると、実に沢山の方が存在することに気づきます。

一人のお客様から輪を広げるには、少々時間が掛かります。保険は、命や病気の保障を請け負う商品で、保険料も決して安くはありません。一定の期間と細かな訪問又気配りの中で**「この人なら安心」**の信用が生まれ、紹介に繋がります。

見込み客を育てる活動については**「培養デー」**で話をしましたが、輪を広げるについては**「ときどき訪問」**で良いと思います。何故なら既に親しい関係で、上がりこんでお茶を飲んだりする長いご契約者様も多いと思います。だから家族状況も把握しているし、少しは人脈も解っていると思います。

前職で紹介が多い職員さんがおりました。日頃の活動の一部を紹介すると、
*先方の時間の都合を聞いて、銘菓（評判の菓子）や旅行先の土産を持って訪問し、いろいろな話題の中から紹介を頂く（兄弟姉妹や嫁いだ娘や孫の情報が多い）。

*話をしていたら隣の奥様が来て合流し、契約をいただいた。

*親しい方の慶弔には大変敏感でした（結婚、出産、お悔やみ、新築、就職……）。

*新盆を忘れずにお線香をあげに行く（新盆には親族の方々に会うことができる）。

*紹介先や一度お会いした方には必ずお礼状や絵葉書を出す。

*紹介先の訪問結果は必ず報告し、簡単なお礼も欠かさない。

*同窓会で保険の話が出て「僕の知り合いで安心して任せられる人がいる」と紹介頂いた。

＊お客様の老人会旅行で「がん」が話題になり、会の方を二名紹介頂いた。
＊母の介護の話をしたら早速、役場から資料を届けてくれた。
＊保険加入を二社で検討していたが、他社の批判を一切しなかった〇〇さんと契約した。
＊三社同時に給付の手続きをしたが、A社が一番親身になってくれて支払いも早かった。
＊近所に火事があった時に、心配して駆けつけてくれた。

等々、**どの例も「紹介依頼」をした訳でもなく、日頃の行動や気配りが自然に発生したことが解ります。そういう積み重ねが「保険なら〇〇さん」に繋がるのです。**

まだまだ隠れた行動や気配りは沢山ありますが、一長一短でできるものではなく、必要以上に費用をかけるものでもありません。周囲との良好な人間関係づくりで大切なことは「**自分がしてもらって嬉しかったことを人にもする、逆に嫌だったことは人にしない**」と思いつつ、なかなか出来ないものです。

長い営業の中で、一人の契約者で終わるのか、世帯の家族全ての契約、又家族以外から大きく広がるかは、貴方の努力次第です。例え紹介はなくても、「新商品のご案内」「必要な保障の中途付加の案内」「他の商品の重ね売り」の訪問もし易くなるのではないでしょうか。

③新規営業職員研修（保険営業の二本柱）

保全・給付手続き業務の大切さ

サッカーやバスケットは攻守が目まぐるしく変わり、野球はイニング毎に攻めと守りが明確なスポーツです。

私達の仕事でいうと、「攻める」は契約の獲得で「守る」は契約を維持する。大切な二本柱です。

ご契約者が「保険の見直しや追加の申し込み」するキッカケの上位は、入院時の手続きでお世話になった。連絡後の迅速な対応と支払いが早く助かった。名義変更を依頼したらすぐに対応してくれた。等々、私達は当然の仕事として自然体で行っていますが、お客様は特に言葉に出さなくても貴方の行動に感謝しております。特に日頃は健康な方が、思わぬ病気で保険の世話になってしまった時こそ感謝の気持ちが強くなります。

私の事務所には「仕事の基本」として七つの習慣が大きく掲示してあります。その三番目に「契約より保全や依頼事を優先する」があります。二十九年間働いた〇〇生命で、優績者と辞めていった職員を振り返ると、共通しているのは、お客様からの依頼事に真摯に取り組んだか、契約活動を優先して後回しにしたか、簡単に言えば「お客様を大事にしたか、疎かにしたか」の差でありました。

【長い経験の中で、対応の例を挙げると】

1. 給付の連絡を受けたら必要な要件を聞いてすぐに手配をする・・・場合によっては診断書をお届けする。

2. 保障内容を確認し、給付の対象を説明する・・・簡易請求、通院保障の有無等。

3．高齢者は面前で指導しながら手続きをする・・・不備がない。安心する。
4．長期の入院者には経過や状況を時々確認する・・・気遣いに感謝する。
5．支払い完了の連絡・・・必ず受取人本人に行う（配偶者でも本人以外はNO）。
6．保全依頼も書類作成（手配）後に届ける・・・訪問時に内容確認と保障の見直しのチャンスです。
7．保全手続きの後に無事に終了したかの確認をする。

遠方の契約者以外は、訪問するとお客様も安心し、対話の機会も出来ます。給付の手続きでは何度か顔を合わせる内に人間関係（信頼感）が生まれ、その後のお付き合いも潤滑になります。

統計では、**「家庭内白地契約」**が出来る上位は、給付手続きがキッカケとのことです。被保険者ご本人は、支払い以降加入できる迄の期間が生じますが、「奥様はどんな保険にご契約しておりますか?」とさりげなく尋ねたら、教えて頂ける確率は高いそうです。

保険営業に限らずサービス業は「売った後のフォローの良し悪し」が次の販売や紹介に繋がります。ある大手の自動車販売の営業マンは、上司の許可を頂き、サービス工場の社員さんと販売先に回り、「お車の調子はいかがですか?」と一日中訪問したそうです。主にオイルの点検や車の空気圧を点検し、喜んで頂けたそうです。その日は販売目的の訪問ではありませんでしたが、その営業マンは数年後に本社のトップ営業を長く続けたそうです。

販売に比べて保全活動は目に見えない、又直接成果に表れない陰の仕事ですが、地道な活動と思いやりの心は成功に繋がる原点であり、オフェンスとディフェンスは両輪です。

④営業プロ育成研修（商談は電話の上手い下手で決まる）

商談の第一歩は電話の上手い下手で決まる

営業が苦手だと感じる人のなかには「アポとりが苦手」という人が少なくあ

りません。
同僚の〇〇さんは、電話をかけ始めたかと思うと、すぐにアポを取ります。時間にして平均五分以内、それなのに確実にアポが取れるのです。その秘訣は何か？　評判の職員さんにお会いして成功のポイントをお聞きしました。

【アポ取りで注意していること】

1．一件あたりの**電話は五分以内**に決めている・・・お客様から質問を受け、長々と説明をして結局アポが取れなかった経験が多くあるので、質問は受け止めるだけにしている。

2．大切なのは「**次につなげること**」です・・・お客様からの質問や興味を持ってもらえた時でも「電話では何ですので、詳細についてはお会いさせていただいた際にご説明させていただきます」と、話を完結しないで次回に繋げる。

3．**アポの数を増やす**・・・アポがとれたとしても、実際の面談と成約数は減るので、時間を決めて多くの方に電話を掛けている。

4．**面談日までの準備・・・**お客様からの質問への回答や、興味を持って頂いた商品の資料を準備する。

【お客様には大きく分けて「三つのタイプ」があります】

①誰が電話しても面談の約束が取れる・・・時間があるので話だけ聞いてみるか。

②電話の内容や相手の声の印象によって面談が取れる・・・案内商品に関心があり、架電者に好印象。

③誰が電話しても難しいお客様・・・保険は十分加入しているし知り合い以外は断る。

電話は顔が見えないので、はじめて電話をする方の場合は、一件のアポも取れずに徒労に終わることが多くあります。当社のご契約者の場合は、安心感で話を聞いてくれるケースはありますが、「商品やサービスについて一〇〇％満足しているお客様はほとんどいない」のです。**商談は「お客様の満足の隙間を狙**

す。

う」ことでもあります。その隙間さえ把握できれば、後は面談に繋げるだけで

【ご契約者様の場合は保障の中味を分析してお客様本位で考え提案することです】

＊一日入院した場合にも一時金がある保険であれば。

＊三大疾病時に入院無制限に対応出来たら。

＊通院保障を手厚くしてあげたい。

＊女性の疾病保障に上乗せ出来たら。

【アポ取り時の注意点】

1．アポとアポの間隔はつめすぎない・・・前のお客様の面談が長引いて「少し遅れる」の電話をした場合、新規のお客様であれば、先ず疑心暗鬼になります。

「私など数多い中の一人なのだろう」と思われてしまい、商談の進む可能性は低くなります。移動時間も考慮して余裕を持って時間を使うことです。

2．アポ前後の心配り・・・面談日に少し時間がある場合は、葉書で挨拶と訪問日の確認をすることでお客様が安心します。挨拶は、簡単な自己紹介と時間をお借りすることのお礼等でアッサリと、面談後は、商談の成否は別にして、時間をお借りしたお礼と今後共も宜しくの一言で、今後のお付き合いが進みます。

ネット営業や通信販売ではない対面営業の私たちにとって、電話は連絡、お知らせ、約束に欠かせない道具です。電話を上手く活用して商談に活かす為には、**何事にも心を込めた対応と自分本位にならないことです。**

⑤経営マネージメント研修（戦略と戦術）

目標達成の為の戦略と戦術を立てることです。

ビジョンとミッション

会社を発展させていくにあたり、必要不可欠なものは「会社をこのようにしたい」というビジョンであります。そのビジョンを実現していくときに、会社にとってなくてはならないのがミッション（使命）であります。保険という目に見えない商品を扱う私達が、その社会的な責任と価値を感じ使命を果たそうという心意気がパワーになり礎にもなります。

戦略と戦術について

戦略とは戦争用語であり、戦うための準備や計画、人材や資金の調達等、長期短期の経営を行う上で大切なビジョンです。戦術は、達成するための具体的な方法と対策を行動に起こす手段であり、いくら立派な戦略があっても、戦術が弱くては挙績に繋がりません。戦略を練りながら、実際の行動を通して戦術をたかめていくことが重要です。

創業十年目の法人代理店の取組み（社員八名）

個人代理店からスタートして五年目に法人設立、ようやく八名体制になりました。この度、創業十年目を機会に今後三年間の計画を立てました。

【計画】戦略

1. 収入保険料を一億に（現在五〇〇〇万円）進展は毎年一二五%必要
2. 〇〇市内に店舗（サービスショップ）の出店
3. 採用五名（内三名は訪問専業社員）と育成

【対策】戦術

1. 人材の確保について
①社員からの協力（協力支援金五万円の支給）
②リクルート誌・新聞折り込み（年四回）
③協力者・親しい契約者からの情報
④生保経験有り人材の発掘

2. 店舗の出店準備（出店は〇〇〇〇年度）
①出店場所：〇〇市（郊外型店舗）人口増、振興住宅地域

②現社員二名＋採用二名（四名体制）

3．収入保険料一億円の達成（一年後：六二五〇万円　二年後：七八〇〇万円
三年後：一億）

①既契約の徹底見直し活動・・・保有契約をリストアップ後に全社員で訪問
活動の実施

②多種目販売・・・医療保険のみ契約者へのがん保険の提案・他

③家庭内の被保険者を増やす・・・家庭内白地契約支援金（一契約三〇〇〇
円支援）

4．その他：三年後（〇〇〇〇年）「収入保険料一億達成感謝」の海外旅行の実
施（全員）

＊候補地は全員で検討

＊費用は全額会社負担

目標達成の進捗状況は、幹部社員だけでなく社員全体の共有が必要です。遅れていれば、その原因を全員で考え、さらに対策を練り直して解決することが大切です。

⑥経営マネージメント研修（二代目社長の成功と失敗）

二代目経営社長の成功と失敗

本店を中心に、近隣に支店を出店して経営する店舗が増えています。本店を含めて五店舗を経営しているある社長の場合、午前中は本店で報告書を点検し、気になっている事案の解決後、支店に出向くそうです。毎日全ての店舗への訪問は難しいものの、「現場」に出向き、自分の目でみることに意味があるといいます。

先ず、実際に第一線で働く社員たちとコミュニケーションをとらなければ、業務の実態を把握することが出来ません。いいことは耳に入りやすいですが、悪いことはどうしても伝わりにくいため、リーダーの認識と現実との間にギャップが生まれやすいのです。現場を訪れることによって「リーダーに見てもらえる」と接客にも力が入る社員もいます。

「日常のありのまま」を全て見られるわけではありませんが、いろいろと気づくことが今後の指導の参考になるそうです。その気づきを幹部会に活かすそうです。

成功している店舗の社長は

①結果（数字）だけで判断しないで、途中の経過や努力の足跡の評価をする。

②現場（各店舗）に足を運び、社員とのコミュニケーションを大事にする。

③店舗リーダー（責任者）を信頼し、場面でのアドバイスはするが、運営は任せている。

④社員の家族の慶事（入学・卒業・就職・結婚……）を覚えており、心配りを忘れない。

⑤社員全体に「長期ビジョン」を示し、共有し、確認している。

二代目社長の失敗例

創業以来先代社長が苦労してつくりあげた会社を家族が引き継いで経営することは、世間一般には良くあることだと思います。生命保険業界も同様ですが、一般会社とやや異なるのは、引き継ぐ契約の殆どは先代の社長や社員が取り扱い、長年の人間関係（信頼関係）が出来ている点です。数年間社長の後ろ姿を見ながら、引継ぎを兼ねて一緒に仕事をした時期があれば、ある程度自分が引継いでも上手くいっている場合もありますが……

失敗しているケースの例

①今までのやり方を変えて「自分のやり方」にするのを急ぐ。
②全体会議や朝礼以外では社員との対話がない（支店にも殆ど顔を出さない）。
③数字へのこだわりは解るが、全て結果主義だ。
④中長期のビジョン（計画）がなく、年間計画も良く変更されて困る。
⑤支社や本社の幹部とは懇親を深めているが、社内には懇親の場がない。
⑥社内で相談する人がいないのか、全て独断で決める。

起業家精神を持つ

起業家とは、事業をゼロから興し、幾多の苦労を乗り越えた人が多く、優れた起業家には、従来の常識にとらわれない柔軟な感性があり、社会に新しいニーズを生み出して事業を成功に導いて成功しています。次期経営者である二代目も、こうした起業家精神を継承し、養っていくべきではないでしょうか。時代は常に移り変わっており、過去の常識が通用しなくなることもあるでしょう。「温故知新」の言葉は、古くても良き伝統を残しながら、新しい改革をすすめることであります。又、成功者に共通していることは「**人を大事にする**」心の経営です。社員、パートさん、お客様、取引先への感謝の思いが行動となり、業績にも表れます。

⑦「できる人」はメモの活用が習慣化している

昨日の昼は何を食べたか？　会った人と何を話したのか？　等々昨日のことすら思い出せない事は誰にでもあります、人間の記憶など当てになりません。年齢を重ねると記憶力はますます希薄になっていきます。食事や会話の記憶であればまだしも、その時に思いついたことや人から聞いて心にとまったことなどは、その瞬間に記録しておかない限りそう簡単に蘇ってこないのです。

私が大手生保時代でお付き合いしていた同僚に「メモ魔」がおりました。名刺サイズの無地のカードをいつもポケットに入れて持ち歩き、何かと思いついたことは急ぎ書き留めておりました。

メモの内容は多岐にわたります。例えば、職員や上司との対話で気付いたこと、会議や講演で聞いた名フレーズ、アイデアが思い浮かんだ時、新聞や雑誌に出てきた味わい深い記事、取引先との会話、ふと思い出した過去の体験、なぜか突然頭に浮かんだ出来事、等々何でもメモにし、落ち着いたその日の時間内に整理をして残すものは小型の手帳に記録し、不要なメモとを分けます。ビジネスでも私用でも常に携帯しておりました。

名刺の交換時もその場ではメモできなくとも、あとで無地のカードに書き留めて次に会う機会があった時に備えて気付いたことを名刺の裏面に細かくメモします。相手の印象、会話の内容、雑談の内容等、相手は次に会った時に記憶力に驚くばかりか関心を持って頂いたことに親近感を感じて商談も前進するということです。

メモを取る習慣は、自分の思いつきを書き留めることだけに効果を発揮しているわけではなく取引先との商談時のビジネス上の会話を記録する時には「メモしてもよろしいですか?」と聞いて「駄目だ」という人はまずいません。それどころか「真剣に自分の話を聞こうとしてくれている」と、いい印象を与える事さえできるのです。この場合はカードではなくA４のノートや手帳を使うことが良いでしょう。

メモの習慣は「書く」ことだけでありません。ビジネスの世界ではPCの中やノート型PC，又スマホにも便利なメモ機能があります。社内での取引先との引き継ぎ事項等、誰もが解かり取引先から問い合わせがあった時にも対応が可能なように社内のパソコンに記録（メモ）することを習慣化している会社も多く見受けられます。

冒頭に「昨日のことすら思い出せない」のように人は忘れる生き物なのです。「これくらいなら覚えていられるはずだから、書かなくても大丈夫だ」と思ったけれども、あとになったら思い出せなかった。の経験は誰にでもあるのではないでしょうか。

思いついたことはすべて書く、予定や人から頼まれたこともその場でメモする習慣が身につけば「思い出せないストレス」やイライラからも解放されるし、無駄な時間をなくす一助にもなります。

「人は忘れる生き物」なのだから「必ず忘れるから書く」ことを基本にしてください。

おわりに

大相撲の世界では、勝負の上ではどの力士も先ず勝ち越しを目指します。一場所十五日間に八勝をあげれば勝ち越しとなり、勝ち越しは給金を直すと言われるように、翌場所番付の昇進にも影響します。

相撲の世界ではありませんが、もし自分に勝敗をつけたとしたらどうなのでしょうか、「勝ち越し負け越し」かの判断は到底つけられるものではありませんが、もし「勝ち越し」だとしたら、八勝は自分なりに努力して目標を達成したこと。七敗は苦しかった時に、大勢の皆さまに助けられ支えられて起き上がることが出来たことと、周囲への感謝の気持ちだと思います。

どの時代、どこの場所でも上手くいかなかった時に、上司、先輩、同僚、職員さんにどれだけ助けられたのか。独立した後は、地域の皆さまに応援して頂いたこと、又、我儘な私を黙って見守り支えてくれた妻や家族にも感謝です。お陰で何とか五十年間の生保生活を送ることが出来ました。

私の座右の銘は「我以外、皆師なり」であり、どんな方でも自分にないものを持っており、得ることと、見習うことは沢山あります。普段の生活の中で、お互いに感謝と相手を敬う気持ちがあるならば、大抵の事は解決すると思います。

この本のタイトルは「**心が通う経営と営業**」であります。これからの経済産業界はますますＩＴ技術が進化し、保険の営業も、新しい販売方法や合理化が進むと考えられます。しかしどの商売にも言えることは、機械は物事を決定するのではなく決定権もありません。お互いに心が通った時に、仕事における達成感と満足感が生じると思います。

この本を通じて、保険業界に携わっている方々に少しでも参考にしていただけたら、誠に幸いであります。

尚、本書の人物名、団体名等は全て仮名です。

生保業界50年
心が通う経営と営業

2021年7月4日　初版第１刷発行

著　者　田嶋 豊
企　画　ＥＮ湘南（イイエンショウナン）
〒250-0112 神奈川県南足柄市和田河原198-10
TEL：0465-74-7661 / FAX：0465-74-7758
Email：y.tajima.aflac@nifty.com
発行者　谷村 勇輔
発行所　ブイツーソリューション
〒466-0848 名古屋市昭和区長戸町4-40
TEL：052-799-7391 / FAX：052-799-7984
発売元　星雲社（共同出版社・流通責任出版社）
〒112-0005 東京都文京区水道1-3-30
TEL：03-3868-3275 / FAX：03-3868-6588
印刷所　モリモト印刷

万一、落丁乱丁のある場合は送料当社負担でお取替えいたします。
ブイツーソリューション宛にお送りください。
　ISBN978-4-434-29074-9